AF227037

PRÉCIS

des véritables causes

DE LA DÉFAVEUR QU'A ENCOURUE

LE GOUVERNEMENT DE LA RESTAURATION.

N° 1ᴱᴿ.

AVIS.

Avant l'ouverture des Chambres, nous comptons publier quinze à vingt numéros, chacun d'environ deux feuilles d'impression. Les premiers numéros seront toujours reproduits avec les nouveaux, lorsqu'on le désirera. Nous recevrons avec reconnaissance les souscriptions des personnes qui apprécieront nos dépenses aussi bien que notre désintéressement et notre zèle.

Les lettres affranchies et à notre adresse seront reçues chez notre imprimeur M. Le Normant fils, rue de Seine, n° 8, où l'on trouvera nos numéros, au prix de 1 franc chaque.

PRÉCIS

DES VÉRITABLES CAUSES

DE LA DÉFAVEUR QU'A ENCOURUE

LE GOUVERNEMENT DE LA RESTAURATION ;

SUIVI D'UNE PROTESTATION CONTRE LES ÉLECTIONS DE 1830.

Par le Lt-Colonel Augustin d'Aulnois,

Ancien secrétaire-général de l'administr. génér. de la Corse.

Ils ont semé du vent, ils moissonneront des tempêtes.
OSÉE, ch. VIII, v. 7.

PARIS.

LE NORMANT FILS, IMPRIMEUR DU ROI, RUE DE SEINE, No 8.

JUILLET 1830.

☞ Nous ne nous sommes pas dissimulé, en nous livrant au travail pénible et ingrat que s'impose tout publiciste sévère et impartial, que d'intérêts personnels nous allons alarmer, que de haines nous allons amasser, et que de persécutions nous attendent; mais nous sommes supérieur à toute crainte, notre courage et notre résignation triompheront de tout; nous n'avons en vue que le bien public, nous écrivons dans une parfaite indépendance, sans collaborateurs comme sans mission ou rétribution de qui que ce soit, et nous serons toujours prêt à rendre raison de nos écrits, tant aux particuliers qu'au gouvernement.

PRÉCIS

DES VÉRITABLES CAUSES

DE LA DÉFAVEUR QU'A ENCOURUE

LE GOUVERNEMENT DE LA RESTAURATION.

———

La confiance, le respect et l'affection des peuples ne se commandent point.

L'autorité, qui s'est laissé méconnaître pendant une longue suite d'années, peut-elle espérer de reprendre, par des exhortations ou des réprimandes, l'attitude et l'ascendant qu'elle a perdus? L'avilissement continuel du pouvoir dans la personne des premiers dépositaires, n'a-t-elle pas rendu de tels moyens, non pas seulement illusoires, mais puérils, si ce n'est plus, devant des masses de population que tant d'erreurs et de séductions ont égarées?

N'espérez donc pas ramener ainsi ceux que vous avez contribué vous-même à pervertir, et qui ne sont plus en état de rentrer dans les bonnes voies.

Aujourd'hui que la chose publique est en danger, par le résultat inévitable de tant de fautes et d'imprévoyance, nous nous abstiendrons de ces divagations d'usage où l'urgence et l'opportunité seraient sacrifiées. Le témoignage, on peut dire même la clameur publique, en dit assez, elle est devenue irrécusable. Qui osera nier qu'il y a dans l'Etat souffrance et anxiété avec toutes les apparences d'une perturbation prochaine?

Mais, ce qui n'est pas admis, et ce qui n'est pas reconnu généralement au milieu de la tourmente de tant d'opinions diverses, ce sont les véritables causes de la défaveur qu'a encourue le gouvernement de la Restauration.

Nous aurons le courage de lui dévoiler ces causes, afin d'avoir le droit de lui indiquer les seuls moyens propres à prévenir les plus grandes calamités, si désormais, pour notre France si travaillée, si divisée, une telle faculté dépend encore d'un pouvoir humain, lorsque la révolte organisée de longue main, et pour ainsi dire à ciel découvert, a dénaturé, a exaspéré au dernier point les classes les plus nombreuses de la population, surtout dans les localités où cette population présente sans cesse l'aspect le plus inquiétant.

Causes premières et principales.

———

Nous trouverons peu de contradicteurs sérieux sur les principales causes de la défaveur qu'a encourue le gouvernement de la restauration.

Les institutions destinées à faire jouir les peuples de la Charte*, octroyée par Louis xviii, ont été improvisées en peu d'heures.

Les rédacteurs des parties accessoires ont cru leur ouvrage terminé, tandis qu'il leur restait à faire l'application savante des principes admis; leur imprévoyance ou leur inhabileté a causé tout le mal.

De nombreux perfectionnemens, de grandes améliorations, avec quelques modifications,

* Voyez à la fin la note n° 1.

restaient à donner aux parties organiques, et surtout aux diverses institutions; cependant la monarchie les attend encore, après quatorze années d'oscillations et de réactions déplorables.

La guerre de plume qu'ont amenée tant d'imperfections, de lacunes et de froissemens, a compromis au dernier degré la sainteté de la religion dominante et la dignité du trône monarchique; elle a porté atteinte à la vénération des peuples pour la personne royale, elle a avili indistinctement tous les dépositaires de l'autorité : cet avilissement, ou du moins le relâchement qui naît de la défaveur, a affecté même l'autorité paternelle que notre code impérial méconnut tant, alors où le chef de l'Etat avait une si grande tendance à fondre tous les pouvoirs dans le sien.

L'administration générale s'est ressentie d'une lutte aussi acharnée et aussi scandaleuse. De grands vices et beaucoup d'abus sont nés ou sont restés dans une administration abandonnée à elle-même, sans contrôle véritable, sans émulation comme sans répression ; administration trop compliquée, trop chargée de rouages, extrêmement onéreuse, et où tant de disparates et d'arbitraire naissent à chaque instant de la multiplicité et de l'incohérence des lois et réglemens. En un mot, depuis 1816, il a suffi de bien mener les élections, de pousser vivement la rentrée des impôts et d'activer la conscription, pour obtenir le brevet d'administrateur éclairé, vigilant, impartial et intègre.

Voilà ce que nous ont valu des institutions imparfaites.

Pourrez-vous jamais faire ressortir le bien de la confusion et de la complication? Pourrez-vous marcher avec assurance au milieu du combat acharné des intérêts particuliers que vous avez trop favorisés, et du complot perpétuel des ambitions que vous avez créées, que vous avez encouragées?

Si, comme en Bavière * et en Hongrie, par exemple, vous eussiez approprié vos institutions au génie, à l'esprit, à la disposition de votre population, et eu égard aux diverses localités où elle est groupée, vous auriez, avec toutes les autres prospérités, conservé la paix intérieure, dont la privation est plus sensible aux classes honnêtes et paisibles que la guerre extérieure n'est funeste à la masse entière.

---

* Si, dans les campagnes, l'ordre des paysans y est suffisamment représenté, l'ordre des bourgeois ne l'est pas moins dans les villes, sans préférence pour telle ou telle classe de bourgeois.

Passons en revue les vices à reprocher à nos institutions ; nous démontrerons successivement qu'ils existent :

Dans le système électoral ;

Dans le système municipal ;

Dans le privilége trop illimité accordé à la publicité ;

Dans le mode de la conscription , du remplacement et du rengagement ;

Dans la complication et le défaut de contrôle de l'administration ;

Dans l'assiette, le répartement et la perception de l'impôt ;

Dans la préférence presqu'exclusive donnée aux opérations bursales ;

Dans la législation, la juridiction et la police commerciales ;

Dans le défaut de constitution civile du clergé et dans le partage de l'influence naturelle des chefs directs de l'Eglise avec l'influence inexplicable des corporations, dont l'existence n'est point incompatible avec la Charte , mais qui ne devraient rechercher leur célébrité que dans les grands et utiles travaux d'une retraite austère ;

Dans les charges énormes qui pèsent sur les peuples, par trop de générosité ou de complaisance envers les traitans de toutes sortes , receveurs, percepteurs, agens publics, officiers ministériels, sans perdre de vue tout ce que produit surabondamment et souvent très-abusivement, la perception des droits d'enregistrement, d'hypothèques, de greffe, etc.;

Dans les surcharges données aux tribunaux judiciaires, si abusivement transformés en tribunaux politiques, au détriment soit de la juridiction purement judiciaire et criminelle, soit de l'action générale de l'administration annihilée et déconsidérée par un conflit monstrueux.

Tous ces vices principaux, qui donnent lieu à tant d'abus, à tant d'inconvéniens graves, et qui ont amené la lassitude et le mécontentement au point où nous le signalons, sont tels que dans notre France, chacun est froissé ou méconnu, ou mal administré dès sa naissance, pendant son éducation, au moment où l'Etat le requiert pour sa défense, lorsqu'il est appelé à exercer son droit électoral, lorsqu'il est imposable, lorsqu'il est en rapport avec l'administration ou avec la judicature, lorsqu'il est susceptible d'une retraite, enfin lorsque la sépulture met un terme à ses souffrances ou à sa prospérité.

Nous le demandons à tous les hommes judicieux et impartiaux. Le souverain le plus légitime, le monarque le plus fait pour être aimé peut-il avoir une autorité, nous ne disons pas seulement respectée, mais incontestée, et conserver l'affection de toutes les classes de la population, au milieu de tant de causes contraires et prédominantes?

C'est bien le moment de déplorer l'absence des modifications et des perfectionnemens désirables dans nos institutions, de regretter qu'aucun homme d'Etat n'ait apparu pour procurer ces modifications et ces perfectionnemens, bien plus utiles encore aux administrés qu'au gouvernement, à qui il suffit souvent d'exister et de marcher, tant soit peu, pour se croire dispensé de rechercher un meilleur état; ne faut-il pas grandement s'attrister surtout de ce que tant de ministres * ont reculé devant le bien à faire pour seconder les intentions paternelles de nos rois, et ne se sont occupés, la plupart,

* Qu'avons-nous eu presque généralement pour ministres depuis 1814? Des orateurs de tribune, des directeurs de chambres, des travailleurs d'élections, des conseillers et coopérateurs d'emprunts, des innovateurs de puériles substitutions dans les petits détails; pas un homme d'Etat, pas un administrateur d'un ordre supérieur n'a apparu ou n'a osé agir pour le bien général.

N. B. Nous présenterons la *Biographie* de ces ministres dans notre second n°, avec le tableau de leurs émolumens et de leurs pensions, comparés à leurs opérations les plus marquantes.

que de leur fortune, de leur élévation et de leurs créatures, préférant prolonger la léthargie du gouvernement et entretenir une aussi triste et pénible existence, à force de captations et de jongleries.

Aussi, les mauvais choix et la mauvaise administration ont-ils fait plus de mal encore que la défectuosité des institutions.

Un homme habile fera des merveilles sans guide et sans instruction; un homme incapable, cupide ou passionné, ne produira que du mal, bien qu'il soit farci d'instructions, et que les circulaires pleuvent chaque jour sur lui pour l'avertir et le guider.

Nous n'étendrons pas plus loin aujourd'hui ce chapitre : il nous faudrait nommer les masques, et nous livrer à une production fastidieuse de citations et de preuves. Ce développement trouvera bientôt sa place; il faut nous hâter de signaler franchement les vices des institutions, et d'indiquer les seuls remèdes à apporter au mal le plus invétéré.

CHAPITRE PREMIER.

Des vices du système électoral et des moyens d'y remédier.

Les âges qui nous suivront ne voudront pas croire qu'on ait tant vanté, de nos jours, un système qui tire de la foule plusieurs classes d'hommes à l'exclusion, au moins, d'un égal nombre d'individus qui leur sont égaux et souvent supérieurs, pour les placer à un rang élevé, en leur donnant une existence et un droit politique de la première importance.

Les créateurs de ce système semblent dire indistinctement à ces nouveaux privilégiés : « Vous êtes en petit nombre en présence de » l'immense population ; sept ou huit * sur » douze ont, par leur fortune, des droits plus » ou moins réels à l'estime, ou du moins à la

* Les propriétaires fonciers.

» considération publique, mais parmi les au-
» tres, outre que la plupart * sont chaque jour
» à la veille de perdre cette considération, et
» que tous devraient être privés d'un droit et
» d'une faculté injustement refusée à un nom-
» bre ** au moins double de celui à qui il a
» été si légèrement octroyé, cependant cet état
» de choses a été réglé ainsi, et doit subsister
» indéfiniment. »

Ainsi, il est consacré par le système en vi-
gueur, que le droit accordé aux uns ne doit
point profiter aux autres, quoique placés dans
la même catégorie.

Ici, consultons la loi, elle prononce que tout
Français, jouissant d'ailleurs de ses droits de
citoyen, est électeur s'il a l'âge de trente ans
accomplis, et s'il paye 300 fr. de contributions directes.

Nous pourrions préjudiciellement faire ob-
server que vu la dépréciation progressive du numéraire, résultat inévitable de la multiplication
énorme de cette valeur et d'une émission qui
va toujours croissant, le cens de 300 f. est devenu
beaucoup trop foible, comparativement à l'é-
lévation des revenus de toute espèce ; mais nous

---

* Les patentés exposés aux faillites.

** La presque totalité des imposés aux contributions personnelle et mobilière.

abandonnons pour un moment cette remarque, quelle que soit d'ailleurs son extrême importance, afin de ne rien attaquer de ce qui est subsistant, et de nous borner ici à signaler les vices de l'application et de l'exécution de la loi.

Combien y a-t-il de sortes de revenus imposables ?

Les revenus connus, et en quelque sorte affichés, lors de l'assiette de l'impôt ;

Les revenus inconnus, ou non sujets à l'investigation, en fait d'impôts :

Les revenus connus sont ceux qu'attestent les propriétés foncières ;

Les revenus inconnus sont ceux que font uniquement présumer les richesses mobilières et industrielles.

Cette distinction fait naître deux autres questions :

1°. Qu'a-t-on fait pour donner le droit élecroral aux Français imposés à la contribution foncière *?

La réponse est que l'admission de tous les contribuables de cette classe paraît avoir eu lieu régulièrement, en faveur de tous ceux qui ont justifié du paiement de 300 fr. de contribution foncière.

---

* Ajoutons aussi à l'impôt sur les portes et fenêtres.

2º. Qu'a-t-on fait pour donner également le droit électoral aux Français imposés aux autres contributions directes (la contribution personnelle, la contribution mobilière et la contribution des patentes), car, c'est par ces seules contributions, après la foncière, que l'on peut faire jouir du droit électoral les principaux parmi les Français jouissant de revenus autres que le revenu foncier, et possédant ou recueillant des richesses, soit mobilières, soit industrielles?

La réponse est que, surtout dans les grandes villes, les administrateurs, exécuteurs de la loi, ont bien peu aperçu son vœu; c'est là qu'a été méconnue une grande partie des classes les plus intéressantes, en les frappant d'une exclusion, qu'on pourrait appeler ridicule et bien maladroite, si, avant tout, elle n'était monstrueuse.

En effet, tandis que ces administrateurs ont forcé l'impôt des patentes, à fin de faire jouir du droit électoral le plus grand nombre possible dans l'une des classes des industriels, ils ont restreint la contribution personnelle et la contribution mobilière, de telle sorte que les possesseurs des plus grandes richesses, les imposés qui jouissent, soit par les rentes, soit par les émolumens, soit par les rétributions, les allocations et les commissions de tous genres, de la plus grande aisance, ne sont rien dans l'état électoral, et semblent se complaire dans une telle position, satisfaits qu'ils sont d'être exempts des fardeaux publics, au nombre desquels l'indifférence et l'égoïsme, introduits parmi nous depuis tant d'années, placent chez ceux-ci l'exercice du droit électoral.

Il faudrait, à cet égard, entendre de près le langage public ; il faudrait se rapprocher un peu de cette immense quantité d'hommes notables, expérimentés, parmi les savans, les lettrés, les artistes du premier ordre, les magistrats, les administrateurs, les agens, gérans et exploitans, les directeurs de toutes les relations sociales, et qui sourient de pitié ou s'indignent de ce que le fameux système représentatif en France, les condamne à la nullité, les ravale au dernier rang, et leur laisse, tout au plus, la faculté de s'occuper ou de s'enquérir de l'état des affaires publiques dans les cafés ou sous le toit domestique.

Cependant c'est là ce que l'on appelle une large concession, et l'un des plus grands bienfaits attribués en France à la Charte constitutionnelle !....

Ah ! certes, nous qualifierons bien différemment une œuvre aussi imparfaite, aussi con-

traire, d'ailleurs, aux intérêts du gouvernement monarchique représentatif ; nous dirons
qu'il y a moquerie et abnégation de toute sollicitude envers l'une des plus imposantes parties
de la population. qu'enfin il y a de plus, pour
résultat inévitable, la subversion du gouvernement.

Ici vous avez craint, bien mal à propos, de
vous jeter dans la démocratie, en élevant trop
(parmi les imposés à la contribution personnelle et mobilière) le nombre des électeurs à
qui vous aviez à confier les destinées du gouvernement monarchique représentatif en coopération avec les propriétaires fonciers.

Là, vous êtes précisément tombés dans l'é-
cueil, en faisant échoir le droit électoral à
ceux-là qui peuvent le plus réellement vous
faire craindre le retour de cette démocratie.

Est-il une plus déplorable erreur, une con-
tradiction aussi manifeste ?

Qui osera soutenir qu'en opérant autrement
l'on eût faussé la Charte ? qui essayera de re-
courir encore aux déclamations en disant,
qu'en remédiant au mal subsistant, ce serait
créer des exclusions et favoriser des exten-
sions ?

Ne sommes-nous pas ici sur le plus beau terrain de la Charte, terrain dont on a tant mé-

connu le vrai sol, le sol qui recélait la félicité et le repos public?

Expliquons-nous tout-à-fait au sujet des diverses classes de contribuables domiciliés dans la capitale et dans les autres grandes villes de France.

A l'exception des propriétaires fonciers et des rentiers que nous leur assimilons dans l'espèce, nous ne voyons partout ailleurs que des *industriels*.

Nous divisons ceux-ci en deux classes : les industriels obtenant des revenus par trafic ou commerce ou par le travail manuel étranger aux facultés intellectuelles du premier ordre;

Et les industriels obtenant des revenus par les conceptions de leur génie ou de leur instruction ou par le service personnel de leur épée ou de leur plume ou de leur assistance ou seulement de leur présence *.

Ce sont donc d'une part les négocians, les fabricans, les commerçans, les marchands et les artisans.

---

* Nous savons bien qu'avant tout, les magistrats, les administrateurs et les militaires ont la noble profession de servir l'Etat; mais, en dernière analyse, leur service n'est-il pas une sorte d'industrie qui leur procure des moyens d'existence? La retenue de 3 et 5 pour 100 qu'ils supportent, n'est-elle pas d'ailleurs un équivalent au droit de patente?

Et d'autre part ce sont les savans, les lettrés, les artistes, dans les beaux-arts, les militaires, les banquiers, les agens publics, les officiers ministériels, les magistrats, les administrateurs et tous les chefs et employés qui en dépendent.

Cette classification exacte fait naître tout naturellement les observations suivantes.

Vous avez établi des patentes pour une grande classe d'industriels, et vous avez compris la contribution des patentes parmi les contributions directes, afin de concéder le droit électoral à tous ceux qui payent une patente de 300 fr. et au-delà.

Cette concession est convenable, sans doute, mais seulement si elle est renfermée dans de justes bornes, si surtout elle n'est pas exclusive; autrement, il y a violation de la Charte, il y a rupture de l'équilibre d'où dépend le repos de l'État.

En effet, non seulement vous n'avez pas assujéti à la patente l'autre grande classe des industriels *, mais vous avez tellement borné la contribution personnelle et la contribution mobilière, pour les cotes supérieures, que toute cette grande classe si apte à concourir au droit

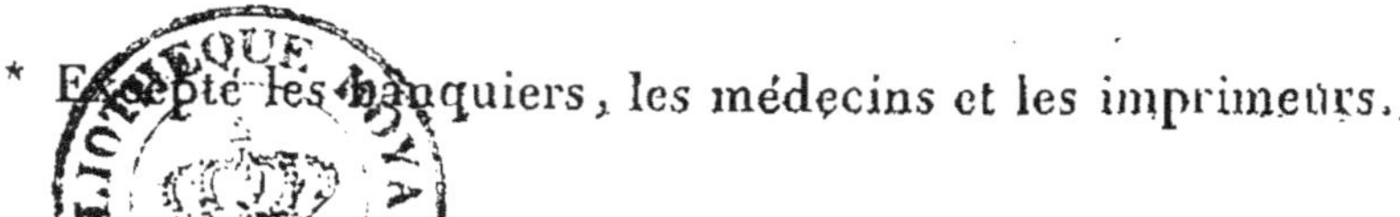

* Excepté les banquiers, les médecins et les imprimeurs.

électoral, s'en trouve, ainsi, presque généralement exclue.

Cependant, si vous eussiez opéré pour cette contribution, comme pour celle des patentes, vous auriez, par exemple, dans Paris, au moins, deux à trois mille électeurs de plus concourant à la nomination des députés dont l'influence est devenue si marquante, pour ne pas dire plus.

Du moins l'imposé à la contribution mobilière, le locataire des principaux établissemens, des hôtels et des maisons de Paris, qui paie 2, 3, 4 et 6,000 fr. de loyer, ce qui présume 12, 15, 20, 30 et 40,000 fr. de revenu quelconque, figurerait aussi convenablement dans le gouvernement représentatif, que l'épicier ou le cafetier du rez-de-chaussée.

Au lieu de cet état de choses, comme il est, tel imposé à la contribution mobilière, ayant 6,000 fr. de loyer, qui n'est porté au rôle de cette contribution, que pour 100 fr. : que l'on juge du nombre considérable de citoyens à qui le droit électoral devrait incontestablement appartenir, et qui en sont privés.

Ainsi, et pour envisager la question, sous un double aspect, dans Paris, où sont amoncelés les propriétaires de valeurs mobilières les plus considérables, et les titulaires des plus forts émolumens; dans Paris où les possesseurs des coupons de vos énormes emprunts, convertis en rentes, vivent à l'abri de l'impôt sans nulle charge ni soucis, ne pouviez-vous pas, ne deviez-vous pas leur donner, même malgré eux, le droit électoral, en les atteignant tous par la contribution mobilière et personnelle, au lieu de surcharger de préférence les dernières classes de la population et les plus nombreuses, par la trop forte élévation des tarifs des contributions indirectes sur les vins, la viande, et tous les objets de la consommation?

Une opération si simple, une telle rectification, que de beaux résultats ne vous eût-elle pas procurés!

Vous eussiez satisfait à la justice distributive qui veut qu'en matière d'impôt, l'un ne soit pas plus surchargé que l'autre.

Vous eussiez rendu hommage à la Charte, qui prescrit que le droit électoral appartienne à tous les citoyens placés, quoique diversement, dans la même catégorie.

Vous eussiez soulagé les classes moyennes et dernières, en reportant sur les contributions personnelles et mobilières, le montant des réductions à faire au tarif des droits indirects, sur les vins, la viande, etc.

Enfin, vous eussiez assuré la félicité et le

repos de l'État, en établissant réellement cet équilibre qui ne peut exister qu'en faisant jouir du droit électoral, indistinctement, toutes les classes des rayons élevés.

C'est en négligeant d'entrer dans ces voies si naturelles, que vous vous êtes privés des seuls moyens de voir ressortir de l'institution électorale des choix à l'abri d'une influence dangereuse.

Nous ne redoutons pas que vous veniez objecter que les autres classes industrielles, si méconnues jusqu'ici, viseraient plus que les premières à la démocratie et à la perturbation du régime monarchique.

Vous savez très-bien que les rivalités, les collusions et le patronage sont loin d'exister au même degré dans les industriels étrangers au négoce et au trafic ; ne sont-elles pas totalement exemptes du joug et de l'influence non seulement des chefs du commerce, mais de toute espèce de directions d'opinions ?

Aussi ne balançons-nous pas à présenter ici, d'office, la protestation de toutes ces classes inappréciées, délaissées, nous disons, même, méprisées comme de véritables ilotes, indignes de participer au bienfait de la représentation.

Voici l'expression que nous donnons hardiment à la protestation qu'ils auraient énergiquement présentée depuis long-temps, s'il n'y avait tant de causes qui doivent porter, de préférence, le gouvernement à prendre, à cet égard, la plus prompte initiative, sans attendre ou provoquer une telle protestation.

« Nous locataires, au nombre de trois
» mille, tant des hôtels que des principaux
» étages des maisons d'habitations de la capi-
» tale, jouissant de revenus autres que ceux
» qui proviennent, soit des propriétés fon-
» cières, soit du négoce ou du trafic, et payant
» plus de 1,200 fr. de loyer;
» Considérant que nos revenus assez pré-
» sumés par nos locations, par notre existence
» politique et par nos diverses attributions,
» fonctions, industries, etc., nous donneraient
» au moins, au même degré, le droit électoral,
» si l'impôt était réparti suivant l'esprit de la
» Charte constitutionnelle, et suivant les prin-
» cipes d'une bonne justice distributive, nous
» déclarons protester et nous protestons contre
» toutes élections auxquelles nous n'aurons pas
» été admis à concourir, les regardant comme
» faites au mépris de nos droits, comme con-
» sacrant un privilége en faveur d'une seule
» classe de contribuables, et comme prononçant
» abusivement une exclusion contre une multi-
» tude de Français tout au moins aussi aptes,

» que les autres, à la jouissance du droit
» électoral, etc. »

En résumé, il est notoire que dans la capitale, comme dans les grandes villes, surtout, le gouvernement dont le devoir est de garantir et de procurer, à tous les citoyens, les bienfaits de la Charte constitutionnelle, a privé pendant quatorze années un nombre considérable de Français, du droit électoral qui leur appartenait, dont ils étaient dignes et dans l'exercice duquel ils auraient coopéré au bien public, au moins au même degré que ceux qui ont joui de ce droit.

Le gouvernement, en persévérant dans ce déni de justice ou dans cette indifférence, s'est fait à lui-même un tort incalculable; il s'est privé des lumières, du patriotisme et de l'impartialité d'une multitude d'hommes toujours portés de préférence à confondre les intérêts de la légitimité dans ceux de l'Etat, et dont le concours, en procurant d'utiles améliorations, eût prévenu les funestes effets de ces oppositions, de ces antipathies et de ces divisions qui ont désolé la France au milieu de la plus profonde paix.

Où trouver aujourd'hui un remède efficace à des maux devenus si graves et si effrayans depuis que la lassitude et le mécontentement général ont fourni aux factions les armes les plus dangereuses ?

Nous répondons que ce remède se trouve dans l'exécution rigoureuse de la Charte.

N'imposez pas disproportionnellement une classe, afin de lui donner, préférablement aux autres classes, le droit électoral.

Au plus tôt imposez toutes les classes qui sont naturellement appelées à la jouissance de ce droit, dans une proportion exacte et relative.

Ainsi la classe patentée, si la classe patentée ne réclame pas contre l'élévation du droit de patente, restera dans la position où elle s'est trouvée placée par degrés.

Mais vous combinerez l'assiette de la contribution personnelle et de la contribution mobilière, de manière à ce qu'elle soit en rapport avec l'assiette de la contribution des patentes, et, en augmentant ainsi les taxes personnelles et mobilières à partir des loyers assez élevés pour comporter l'augmentation, d'une part, vous mettrez en concurrence un nombre proportionné d'électeurs des diverses opinions, et, d'autre part, vous trouverez les moyens de soulager les dernières classes de la population, classes les plus nombreuses, toutes étrangères au droit électoral, et chez qui des diminutions dans les droits indirects, feront bénir le Souverain dont la sollicitude pour servir et protéger également tous les intérêts, aura enfin apparu d'une manière tout-à-fait conforme aux besoins et aux droits de tous ses sujets indistinctement.

Note I. — Charte constitutionnelle.

Voici en quoi consiste la Charte constitutionnelle des Français, dégagée de ses parties organiques, et de ses diverses institutions.

1°. Egalité de chacun devant la loi;

2°. Coopération de chacun aux charges publiques, indistinctement et *dans la proportion de sa fortune;*

3°. Droit égal de chacun, à être admis aux emplois civils et militaires;

4°. Liberté individuelle également garantie, hors les cas prévus par la loi et dans la forme qu'elle prescrit;

5°. Protection spéciale accordée à la religion de l'Etat, et tolérance des autres cultes;

6°. Liberté de la presse, en se conformant aux lois qui doivent *prévenir* et réprimer les abus de cette liberté;

7°. Inviolabilité des propriétés, sauf le sacrifice de celles exigées pour cause d'utilité publique, et moyennant une préalable indemnité; toute confiscation des biens exclue du Code pénal;

8°. Garantie donnée, à chacun, de n'être pas distrait de ses juges naturels.

Quel serait le Français assez aveugle, assez déraisonnable pour refuser ou nier le bienfait d'une telle Charte qui n'est autre, d'ailleurs, que le code de toutes les nations civilisées?

Nous n'admettons pas cette accusation d'être contraire à la Charte faite à une classe de Français; en est-il un seul depuis le plus élevé en dignité, jusqu'au moindre sujet, qui ne soit souvent dans la nécessité d'invoquer, dans son intérêt, l'exécution de l'une des parties de notre pacte fondamental?

Mais pour que le bienfait soit réel, il faut que les institutions soient complètes * et régulières : par elles, si elles sont bien exécutées, nous pouvons jouir d'un tel bienfait, dont nous sommes privés, si les droits divers sont méconnus, s'il y a partialité ou insuffisance, ou lésion, enfin si le repos et la sécurité publique sont compromis par les froissemens et les factions nées d'une dispensation abusive ou restreinte, sans perdre de vue que les droits individuels doivent souvent fléchir devant les droits plus impérieux, plus imprescriptibles même, de la société entière.

Note 2. — Diminution des droits indirects à l'entrée de Paris, notamment sur les vins.

Une diminution plus réelle sur les droits d'entrée, particulièrement sur les vins, est depuis long-temps la mesure reconnue la plus convenable ; outre que la fraude à l'entrée et la falsification à l'intérieur, seraient moindres, il est très-probable que l'introduction, devenant beaucoup plus forte, procurerait, à peu près, le même produit qu'avant la réduction du droit.

Pourquoi, d'ailleurs, ne pas trouver encore un soula-

* En fait d'améliorations, n'avez-vous pas admis la septennalité, le double vote, etc. (si toutefois des améliorations se trouvent assez dans ces modifications)? Tant il est vrai que si, en 1814, la Charte a pu être considérée comme toute neuve, les institutions qu'elle nous passait en même temps, et qui venaient de la République, du Directoire et de l'Empire, ne l'étaient pas. Certes le gouvernement monarchique ne pouvait bien marcher avec ces institutions, que si elles lui eussent été appropriées, car il n'avait pas pour auxiliaire la terreur de la République, les déportations du Directoire et le pouvoir absolu de l'Empire; voilà pourquoi, depuis quatorze années, la paix publique n'a pas cessé d'être troublée par les réactions nées des imperfections existantes et des concessions si impolitiques faites alternativement aux partis vainqueurs? C'est là où est la plaie de l'Etat.

gement pour les classes inférieures, en établissant un droit proportionnel sur les vins fins ? Les difficultés ne sont pas telles qu'on les a exposées. Les vins fins ne pourraient entrer que par les dix principales barrières correspondantes aux plus grandes routes, et la régie serait tenue d'avoir à chacune de ces barrières, parmi ses préposés, un juré gourmet en état d'opérer concurremment avec les jurés gourmets du commerce. Pourquoi ne pas chercher des produits sur les classes fortunées, pourquoi lorsqu'il y a possibilité, ne pas dégrever, autant que possible, le consommateur peu aisé, d'une partie de ce que le plus riche peut supporter sans inconvénient comme sans surcharge trop pesante ? C'est par de telles lois somptuaires que le Souverain obtiendrait de nouveaux droits à l'affection et à la reconnaissance des peuples.

Note 3. — Droits sur les baux.

Il est inouï qu'en présence du gouvernement et de ses principales administrations, à Paris, l'abus y soit aussi grand et autant inaperçu, en ce qui concerne la dissimulation de la quotité des locations.

Le but est pour les propriétaires de se ménager une réduction sur la contribution foncière, et pour les locataires sur le droit établi sur les baux.

Les uns et les autres visent à être totalement dispensés du paiement de ce dernier droit, en se bornant à passer les baux sous seing-privé, ou même, à s'en dispenser entièrement.

L'administration a-t-elle calculé les conséquences graves de l'inexécution de la loi par ses agens, et de l'insuffisance de cette même loi pour la répression de la fraude ?

Le revenu public en est fortement lésé.

Les considérations politiques qui se rattachent à la plus large concession et répartition du droit électoral, sont méconnues.

Exiger des déclarations signées par les propriétaires et locataires ; diminuer de moitié le droit sur les baux des locations dans les grandes villes (où l'on se retrouve par la quantité), diminuer des trois quarts le droit proportionnel, ordonner des estimations d'office des loyers dissimulés, prononcer, et faire mieux percevoir l'amende d'une demi-année de loyer en cas de dissimulation, prendre enfin des mesures convenables et suffisantes pour l'exécution des lois et réglemens sur cette matière, c'est ce qui devrait être plus formellement imposé à l'administration, c'est ce que le ministère, contrôleur né de cette administration, devrait plus exactement surveiller.

Note 4.—Calcul de la contribution personnelle et mobilière à Paris, sans égard aux cotes inférieures.

2,000 cotes à	50^f	100,000^f	loyers de 1,000^f.
3,000	100^f	300,000^f	1,200^f.
2,000	150^f	300,000^f	1,400^f.
2,000	200^f	400,000^f	1,500^f.
2,000	250^f	500,000^f	1,600^f.
1,200	300^f	360,000^f	2,000^f.
600	350^f	210,000^f	2,500^f.
500	400^f	200,000^f	3,000^f.
500	500^f	250,000^f	4,000^f.
400	600^f	240,000^f	5,000^f.
300	800^f	240,000^f	6,000^f. et au-dessus.
14,500		3,190,000^f	

Dont 3,500   de 300^f et au-dessus *.

* Nous soutenons que ce nombre pourrait être porté à moitié en sus, surtout si l'on parvient à atteindre les loyers, en garni, à l'an-

Le contribuable imposé à la contribution personnelle et mobilière, s'il paye aussi, dans le même lieu, soit la contribution foncière, soit la contribution des patentes, doit obtenir une modération ou diminution sur l'une ou sur l'autre.

Les propriétaires ne pourraient se prétendre lésés dans leurs locations à cause de l'augmentation de la contribution personnelle et mobilière, les locataires devant être dédommagés de l'augmentation de l'impôt par les réductions équivalentes qu'ils obtiendraient dans les droits d'entrée; rien de mieux d'ailleurs de voir naître une cause toute naturelle de diminution des loyers dont l'élévation progressive n'a bientôt plus de bornes.

Et quand donc l'intérêt général de l'Etat parviendra-t-il à faire taire des intérêts particuliers qui n'ont que trop trouvé jusqu'ici des soutiens très-complaisans parmi ceux-là même chargés spécialement de soutenir l'intérêt général?

Note 5. — Bizarreries électorales

1°. Par l'élévation des patentes et par la réduction de la contribution mobilière.

Le principal domestique de M. ***, riche médecin dont la fortune est toute en valeurs mobilières, s'est procuré quelqu'argent à son service, et il s'est fait cafetier précisément au-dessous du premier étage où loge son ancien maître.

née, qui ne se sont tant multipliés que parce que la facilité s'y est introduite davantage d'éluder l'impôt somptuaire. Est-ce là une égale répartition des charges publiques? Est-ce là seconder cette sollicitude extrême du Souverain qui nous gouverne, et qui n'a visiblement d'autre intérêt que de faire du bien à tous, et d'épargner à tous au même degré un surcroît de charges?

Ce cafetier payant aujourd'hui 3oo fr. de patente est devenu électeur ; son ancien maître *dont le loyer est de 4ooo fr. au premier étage, et qui jouit de 3o,ooo fr. de revenu en rentes*, n'étant porté au rôle de la contribution mobilière, à raison de son loyer, que pour 1oo fr., il n'est point électeur ; il est moins dans l'Etat représentatif que cet ancien domestique, tous les jours à la veille de perdre, par une seconde faillite, l'établissement qu'il a monté trop haut.

2°. M. le baron ***, l'un des plus grands peintres d'histoire, a un loyer de 3ooo fr., ce qui suppose un revenu au moins de 20,000 fr. : cependant il n'est pas électeur ; son loyer étant d'ailleurs dissimulé, il ne paie que 6o fr. de contribution mobilière.

3°. M. ***, rhéteur, philosophe et littérateur, du premier mérite, a 2ooo fr. de loyer et 15,ooo fr. de revenu en rentes ; il paie à peine 5o fr. de contribution mobilière : il n'est point électeur.

4°. M. ***, l'un des magistrats les plus honorables, jouissant de l'estime générale, ayant fait des ouvrages très-marquans, a un loyer de 22oo fr. Il jouit, compris son traitement, de 12,ooo fr. de rente, il n'est point électeur, il ne paie pas même 5o fr. de contribution mobilière.

5°. M. L** qui a, comme amateur, pour 5oo,oooo fr. de tableaux dans ses appartemens, qui paie 3ooo, fr. de loyer, et qui a 8o,ooo fr. de revenu, ne paie que 25o fr. de contribution mobilière ; il n'est pas électeur.

6°. M. ***, chef de division, homme du premier mérite, d'une grande instruction, et surtout d'une élocution admirable, jouit de 12,ooo fr. de traitement, et son épouse de 6ooo fr. en rentes ; il occupe un maison entière, et il loue aussi une campagne pendant l'été, sa contribution mobilière est de 7o fr. Il n'est point électeur.

7°. M. ***, ancien imprimeur, connu par les ouvrages estimés dont il est l'auteur, a 30,000 fr. de revenu en rentes, et 2500 fr. de loyer. Il n'est pas électeur.

8°. Un lieutenant-général honoraire, par conséquent sans retraite, et qui jouit de la plus haute considération, a 50,000 fr. de revenus en rentes, et un loyer de 5000 fr. Sa contribution mobilière est telle, qu'il n'est pas électeur ; un ancien sergent de son régiment s'est fait cafetier, il est électeur.

Dans les patentés nous trouvons vingt-deux cafetiers électeurs dont les établissemens sont fréquentés par mille individus de première considération, très-fortunés en rentes, en traitemens, etc., et qui ne sont pas électeurs.

Mille autres citations feraient connaître combien est ridicule la manière dont le droit électoral se trouve départi à Paris, et dans les grandes villes. Que dire des ministres et des administrateurs que de telles bizarreries n'ont pas frappés ! *Ils ont des yeux, et ils ne voient pas...*

Résumé des développemens contenus dans les notes.

Nous avons déjà dit que le gouvernement de la Restauration a trouvé un Code électoral tout fait, et qu'il s'en est servi, sans considérer assez ses défectuosités.

La plus forte de toutes consiste dans le taux du cens, dont la fixation remonte à quarante ans, c'est-à-dire, à une époque où la dépréciation du numéraire n'avait pas encore commencé.

Une contribution foncière de 300 fr. lorsque les impôts n'allaient pas à 500 millions, était de quelqu'importance ; une patente de 300 fr. lors de la création de cet impôt, était uniquement celle du commerçant en gros, du fabricant et du négociant, tous très-aptes à être électeurs, puisqu'ils auraient d'ailleurs la même capacité par le loyer, si la contribution mobilière était établie dans les proportions relatives aux richesses mobilières.

Depuis lors, malgré le triplement du numéraire, et l'élévation progressive des impôts, nécessairement en rapport avec ce triplement, le cens de 300 fr. pour le droit électoral, et le cens de 1000 fr. pour le droit d'éligibilité, ont cessé d'être porportionnés.

C'est cette disproportion, ce sont les autres imperfections du Code électoral, qui ont obligé le gouvernement de la restauration à chercher à suppléer à tant d'inconvéniens, en manœuvrant avec plus ou moins d'habileté et de convenance, pour obtenir dans la Chambre des Députés, le plus grand nombre possible de fonctionnaires, de magistrats, de militaires, et même de parens de pairs de France, pouvant contrebalancer l'influence d'un plus grand nombre de députés, produits par les élémens nés de la dépréciation du cens *.

Au lieu de prendre cette marche qui devait nécessairement finir par cesser d'être inaperçue, au lieu de compromettre sa dignité par des manœuvres de plus en plus ostensibles, et qui trouvent cependant leur excuse dans les nécessités qu'imposent le repos public et la pondération exacte des pouvoirs, le gouvernement eût mieux fait d'aprécier et de consulter les procès-verbaux des conseils généraux, en appelant, à Paris, deux membres de chacun de ces conseils, pour en former un grand conseil chargé de l'examen et de la révision, tant du Code électoral, que des autres institutions légués par la république, le directoire et l'empire, et qui avaient besoin d'être appropriés au régime monarchique représentatif, c'est ainsi que le gouvernement actuel eût prévenu une crise inévitable, et toujours annoncée par les hommes qui ont vu et étudié impartialement les gouvernemens qui se sont succédé depuis 1789.

Nous offrirons bientôt un projet de Code électoral complet, et tel qu'une révision indispensable depuis 1814,

---

* Des préfets, des magistrats, des procureurs généraux, des officiers généraux et supérieurs en activité, des employés même de toutes sortes, restent ainsi, pendant six mois, éloignés de leurs fonctions; elles sont confiées à des sous-ordres pendant la moitié de l'année; ces sous-ordres obtiennent nécessairement des supplémens, tandis que les titulaires absens sont eux-mêmes indemnisés. Voilà donc une classe de députés avantagés et rétribués, tandis que le plus grand nombre supporte des frais énormes de déplacement avec ceux du séjour à Paris, séjour que les députés parisiens et des environs, d'ailleurs exempts de frais de déplacement, aiment à voir prolonger, afin de jouir plus long-temps d'une omnipotence que leur position leur a par degrés procurée; combien n'importe-t-il pas de sortir d'une situation aussi fausse sous tous ses aspects!

*

l'eût produit dans l'intérêt du monarque légitime, comme dans celui de la France entière, elle eût pu de la sorte être préservée de ces déplorables divisions qui, en créant en France deux peuples rivaux, vont mettre bientôt aux prises, une foule d'ennemis devenus irréconciliables, et toujours à la veille de renouveler, parmi nous, les fureurs de l'anarchie révolutionnaire *.

Dans un bon système électoral ayant pour base un cens approprié aux diverses localités et analogue à la valeur actuelle du numéraire, tout salarié de l'Etat, à moins qu'il ne soit retraité, devrait nécessairement opter pour tout le temps que doit durer son mandat, sauf à retrouver ensuite son emploi, ou tout autre équivalent, car il ne faut pas que le témoignage de la confiance publique devienne une calamité pour un citoyen à qui cette distinction mérite au contraire des récompenses et de l'avancement : ainsi cesserait un quadruple scandale, celui d'une incompatibilité inobservée ; celui de l'inoccupation et de la vacance abusive des emplois ; celui de l'obstacle que mettent ainsi un si grand nombre de députés fonctionnaires, à ce que leur administration soit épluchée, et celui des récriminations, des oppositions et de la lutte que cet état de choses perpétue, avec une irritation toujours croissante.

* Pour faire une impression convenable à ceux qui n'ont point connu l'anarchie révolutionnaire et à ceux qui n'aperçoivent pas les dangers d'agiter les masses populaires, nous transcrivons ci-après quelques fragmens d'un écrit publié à Paris, en 1795, par un écrivain très-éloquent (Richer Sérisy), pour qui la déportation fut bientôt le prix de son généreux dévoucment.

Tableau de la guerre civile *.

La guerre civile ! Depuis quelques jours ce mot a retenti dans toute la France, et telle est l'horreur de notre situation, que chacun de nous semble s'y préparer, et préfère périr les armes à la main, que d'aller en foule, les cheveux coupés, les mains liées derrière le dos, tomber sous la hache des bourreaux ou sous la fusillade des révolutionnaires. Aux profonds éclairs qui sillonnent l'horizon politique, à la soif de la vengeance, à la haine qui dévore tous les cœurs, tout annonce que, l'épée une fois tirée, il faudra jeter le fourreau.

Hommes féroces, je demande pardon à l'humanité de profaner le nom d'homme en le prostituant à ces monstres ! Après avoir inondé l'Europe du sang français, couvert la France d'échafauds, comblé de cadavres nos fleuves, nos campagnes et nos villes ; après avoir reculé dans les raffinemens de votre barbarie, toutes les bornes connues de la scélératesse humaine, voilà donc le dénouement de cette horrible tragédie, la guerre civile !....

Eh bien ! si nous avons la guerre civile, il n'en

* Fragment d'un écrit publié à Paris en 1795.

sera point de plus affreuse. Nous avons surpassé nos pères en forfaits, nous les surpasserons en fureurs : jamais il ne fut jeté dans une nation tant de matières combustibles, tant d'élémens de discorde ; il n'est pas un parti qui puisse espérer triompher, et le vainqueur, s'il s'en trouve, tombera frappé à mort sur le corps du vaincu. Hommes de sang, hommes ambitieux, vous voulez la guerre civile ! mais en connaissez-vous les fléaux ?

Dans ces guerres affreuses, les soldats ont encore plus d'autorité que leurs chefs ; s'ils commandent aujourd'hui, demain ils tombent sous leurs coups : puissans pour les conduire au carnage, et les pousser à tous les crimes, ils se trouvent sans force pour les réprimer. Othon tremblait devant son armée ; Galba périt de la main de la sienne, le grand Germanicus fut outragé par ses légions ; César fut souvent obligé d'obéir à ses propres soldats ; Auguste, cet heureux tyran, sacrifiait ses amis à leurs fureurs ; l'habile Cromwel frissonnait devant les bandes d'agitateurs qu'il avait créées.

Voyez les terribles combats que se livrèrent les armées de Vitellius et de Vespasien, dans les murs de Rome : La ville, dit Tacite, présentait le spectacle hideux de la débauche et du carnage : « ici des com-
» bats et des blessés ; là, des bains délicieux et des
» assemblées de plaisirs ; d'une part, des ruisseaux
» de sang et les cris des mourans ; de l'autre, des fem-
» mes publiques, dans les bras fumans du vain-
» queur, se prostituant sur des cadavres entassés. »

Voyez cette horrible peinture que fait l'historien Josephe, des factions se massacrant dans les murs de Jérusalem, au moment où la ville et ses tours embrasées, de toutes parts, écroulaient sur leurs têtes, et le soldat romain tuant ses rivaux acharnés, l'un sur l'autre, sans que la mort ait pu les séparer.

Des milliers de Romains périssent égorgés par Marius et Sylla ; chaque parti se passait réciproquement en échange, les têtes de ses ennemis ; la vie, la mort étaient à l'encan sur la place publique, et on allait soumissionner l'une ou l'autre.

Les légions commandées par Fabius Valens, saisies d'une frénésie soudaine, massacrèrent, par boutade, quatre mille habitans de la ville de Dividurum, qui leur avait donné asile.

Souvent aussi les soldats changent de parti tour à tour, selon leur fantaisie : ainsi les cohortes prétoriennes de Vitellius se joignirent à Vespasien ; les chefs rivaux lâchent le frein à toutes sortes de licence, comme un des plus grands attraits qu'ils puissent employer.

Alors dans ce monstrueux assemblage de tous les crimes, il en paraît qui font frémir la nature : le père tombe frappé de la main de son fils, et le frère de la main de son frère...... Je m'arrête, détournons mes pensées de tant d'horreurs : puissions-nous être préservés de ces fléaux. . . . .

. . . .

. . . .

Prenez-y garde, Parisiens, les révolutionnaires,

après vous avoir causé de nouvelles convulsions, seront les premiers à faire peser, sur vous, tout le poids de la réprobation générale. Vos ennemis diront alors que votre ville n'est célèbre que par les forfaits qu'elle a soufferts avec une lâcheté inouïe. C'est vous, ajouteront-ils, qui êtes coupables de tous les maux qui désolent la France; c'est vous qui, par la contagion de votre exemple, vous êtes appliqués, dans tous les temps, à dépraver l'opinion et à refroidir le patriotisme, en multipliant, dans votre ville, les piéges de la séduction, les facilités de la débauche, tous les genres de corruption.

C'est vous qui avez énervé le caractère national, en encensant les plus méprisables idoles; alors, dans leurs fureurs, tous les partis vous reprocheront, les uns, le 6 octobre; les autres, le 20 juin; ceux-là, le 10 août; tous, le 21 janvier; tous, les massacres du 2 septembre; tous, le 31 mai. Ils vous reprocheront cette longue tyrannie, ces innombrables échafauds que huit cent mille habitans ont tolérés dans leurs murs, et si à la journée de vendémiaire brilla votre gloire dans cette nuit de forfaits, ils vous accuseront d'en avoir terni l'éclat dans ces lieux, à cette même place que les femmes, les enfans, les vieillards, vos amis, vos parens, vos frères, des milliers de Français ont inondée de leur sang . . . . . .

. . . .

. . . .

Quand toutes les vengeances du vainqueur auront été exercées dans votre malheureuse ville, vous passerez, tour à tour, des bras des vaincus dans ceux des vainqueurs : vous paierez le matin à Marius, vous paierez le soir à Sylla ; les plus riches seront les ennemis, et dans ces momens, les plus belles boutiques seront les boutiques de Chouans, d'Anglais, ou de Prussiens.

Je suppose que les Jacobins l'emportent, et qu'un gouvernement révolutionnaire triomphe sur des ruines, vous conviendrez que le quai des Orfèvres est en danger ; toutes les bouches de communication des départemens avec vous seront fermées. Abandonnés par eux, livrés aux troupes ou aux brigands, lorsque tous ces canaux qui vous apportaient des richesses seront coupés avec le pont de la Loire, chacun fuira ce sol maudit où règneront la misère, le carnage et la mort ; alors que ferez-vous avec vos belles boutiques, vos jolies femmes et Tivoli? Tivoli deviendra un camp, vos dames la proie des hussards, vos boutiques celle des jacobins.

Ne croyez pas encore que votre égoïsme actuel, votre lâcheté, votre asservissement puissent retarder, au moins quelque temps, ces dangers qui vous menacent.

Voulez-vous un exemple frappant ?

La riche Tarente, cette ville célèbre, avait, comme Paris, une nombreuse population : l'Odéon, Tivoli, Bagatelle, Idalie, de belles boutiques comme les vôtres, un quai des Orfèvres, des femmes presqu'aussi jolies que les Parisiennes ; la veille encore l'air mélodieux d'accords était resplendissant de fu-

sées brillantes ; les Romaines descendent aux pieds
de ses murailles, trois jours après, on labourait sur
Tarente........

N°. 2. — Des vices de la conscription, du remplacement et du
rengagement. — Des vices du régime et de l'administration de
la guerre.